BEI GRIN MACHT SICH IHR WISSEN BEZAHLT

- Wir veröffentlichen Ihre Hausarbeit,
  Bachelor- und Masterarbeit

- Ihr eigenes eBook und Buch -
  weltweit in allen wichtigen Shops

- Verdienen Sie an jedem Verkauf

Jetzt bei www.GRIN.com hochladen
und kostenlos publizieren

Smart Contracts und Blockchain. Untersuchung und rechtliche Aspekte

Octavian Zaiat

Bibliografische Information der Deutschen Nationalbibliothek:

Die Deutsche Nationalbibliothek verzeichnet diese Publikation in der Deutschen Nationalbibliografie; detaillierte bibliografische Daten sind im Internet über http://dnb.d-nb.de abrufbar.

ISBN: 9783346494191
Dieses Buch ist auch als E-Book erhältlich.

© GRIN Publishing GmbH
Nymphenburger Straße 86
80636 München

Druck und Bindung: Books on Demand GmbH, Norderstedt Germany
Gedruckt auf säurefreiem Papier aus verantwortungsvollen Quellen

Das vorliegende Werk wurde sorgfältig erarbeitet. Dennoch übernehmen Autoren und Verlag für die Richtigkeit von Angaben, Hinweisen, Links und Ratschlägen sowie eventuelle Druckfehler keine Haftung.

Das Buch bei GRIN: https://www.grin.com/document/1129249

Berufsbegleitender Studiengang zum Bachelor of Science

Wirtschaftsinformatik

6. Semester

Seminararbeit

Smart Contracts und Blockchain

Autor: Octavian Zaiat

Abgabedatum: 16.08.2021

Inhaltsverzeichnis

Abbildungsverzeichnis

Abkürzungsverzeichnis

API - Application Programming Interface

BGB - Bürgerliches Gesetzbuch

ID - Identification

SC - Smart contract

1. Einleitung

Bei der Blockchain-Technologie handelt es sich um ein öffentlich zugängliches verteiltes Buchführungssystem, das es den Nutzern ermöglicht, Online-Transaktionen in einem dezentralen Rahmen durchzuführen. In diesem Modell ist das Hauptbuch für die Community-Mitglieder zugänglich, die Transaktionen werden über das Peer-to-Peer-Netzwerk verifiziert und validiert. Diese Transaktionen sind fälschungssicher, öffentlich zugänglich und überprüfbar, so dass die Community-Mitglieder einen vertrauenswürdigen Mechanismus für Transaktionen über das unsichere Netz schaffen können.[1] Der Erfolg dieser Technologie förderte das Wachstum von Smart Contracts, bei denen Computerprotokolle vertragliche Vereinbarungen zwischen zwei Personen über das Internet erleichtern, verifizieren und durchsetzen.[2] Smart Contracts nutzen die Blockchain-Technologie, um den Prozess der Transaktionsüberprüfung und -validierung zu automatisieren und sicherzustellen, dass die Details nach der Vereinbarung nicht mehr geändert werden können. Darüber hinaus ermöglicht diese Technologie den Beteiligten, diese Details bei Bedarf einzusehen und Nichtbeteiligten den Zugriff auf die vertraglichen Vereinbarungen zu verwehren. Diese Funktion prüft Verträge und sorgt für fälschungssichere Vereinbarungen in einer anonymen und vertrauenslosen Umgebung.[3] Die Implementierung von Smart Contracts in die Blockchain-Technologie bietet somit einen neuartigen Ansatz zur Erstellung fälschungssicherer Verträge über die unsichere Netzwerkinfrastruktur.

---

[1] Vgl. Cong, L. W., He, Z. (2018), S. 1754
[2] Vgl. Wang, S., Ouyang, L., Yuan, Y., Ni, X., Han, X., & Wang, F. Y. (2019), S. 2266
[3] Vgl. ebd. S. 2266

2. Untersuchung von Smart Contracts

2.1 Grundlagen der Smart Contracts

Ein Smart Contract verbindet Käufer und Verkäufer, die während des Transaktionsprozesses eine verbindliche Vereinbarung treffen. Diese vertragliche Vereinbarung ist automatisiert, so dass sie sich selbst ausführt, wenn die vorher festgelegten Bedingungen erfüllt sind.[4] Infolgedessen wird der vertragliche Arbeitsablauf automatisiert, so dass die Beteiligten die Ergebnisse in Echtzeit erhalten können, ohne sich auf die Vermittler verlassen zu müssen. Personen, die nicht am Vertrag beteiligt sind, haben keinen Zugriff auf den Inhalt dieser vertraglichen Vereinbarung, was die Vertraulichkeit der Vereinbarung erhöht, ohne ihre Glaubwürdigkeit zu beeinträchtigen. Der Betriebsmechanismus eines Smart Contracts umfasst drei Phasen: Vertrauensbildung zwischen Käufer und Verkäufer, Validierung der Transaktion und Überprüfung ihres Inhalts. Die erste Phase des Smart Contracts ist der Vorschlagsvorgang, bei dem die Anwendung eine Anfrage an das Peer-to-Peer-Netzwerk sendet. Die zweite Phase ist die Paketierung, in der die Anwendung die Transaktionsanforderung verpackt. In dieser Phase überprüft die Anwendung die Unterschrift des Indossanten und bestätigt den Inhalt der Antwort auf den Vorschlag. Die letzte Phase ist die Validierung, bei der die Peers innerhalb des Netzwerks den Inhalt der Transaktions-ID überprüfen, um ihre Glaubwürdigkeit zu sichern. Dieser Funktionsmechanismus der Smart Contracts wird anhand der folgenden Abbildung veranschaulicht:

---

[4] Vgl. Temte, M. N. (2019), S. 94

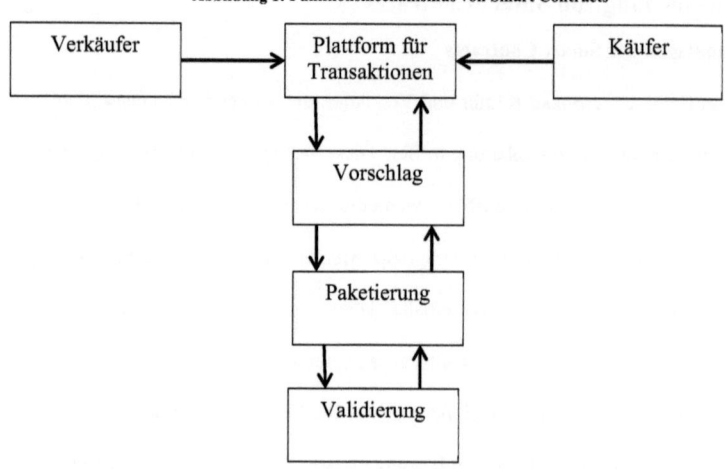

Abbildung 1: Funktionsmechanismus von Smart Contracts

Quelle: Eigene Darstellung

2.2 Architektur des Frameworks

Das Framework für Smart Contracts umfasst sechs Schichten, die die optimale Leistung der Infrastruktur gewährleisten. Das erste Segment ist die Infrastrukturschicht, die Anwendungen von Smart Contracts in der Enterprise-Umgebung unterstützt. Diese Ebene umfasst drei Komponenten: vertrauenswürdige Entwicklungs- und Ausführungsumgebungen und Datenfeeds. Die Entwicklungsumgebung stellt die Programmiersprachen bereit, während die Ausführungsumgebung die Architektur der Blockchain-Technologie nutzt, um eine sichere Verarbeitungsumgebung für Smart Contracts zu bieten.[5] Die Komponente Datenfeed bietet die Sandbox-Ausführungsumgebung für die Ausführung der Smart Contracts. Die zweite Schicht ist die Vertragsschicht, in der Vertragsbedingungen, Interaktionskriterien, Smart-Response-Regeln und andere statische Vertragsdaten festgelegt werden. Diese Datenbindung bietet eine statische Datenbank für die Smart Contracts, die die Kommunikation, die Ausführung und die Inkraftsetzung der obligatorischen

---

[5] Vgl. Wang, Y., Li, J., Zhao, S., Yu, F. (2020), S. 190653

Vereinbarungen bestimmt.[6] Die dritte Schicht besteht aus Operationen, die dynamische Prozesse an das Framework binden. Dieser Bereich des Frameworks umfasst die formale Verifizierung, Mechanismus-Design, Sicherheitsmerkmale und Selbstzerstörungsfunktion der Smart Contracts und ermöglicht so die operative Effizienz der Infrastruktur.[7] Außerdem sorgt es für die sichere Ausführung der Smart Contracts und die zuverlässige Umsetzung der vertraglichen Verpflichtungen zwischen den Beteiligten. Die vierte Schicht ist die Intelligenzschicht, die verschiedene Smart-Algorithmen wie Argumentation, Wahrnehmung, Sozialisierung, Entscheidungsfindung und Lernen umfasst. Diese Algorithmen sorgen für die künstliche Intelligenz des Frameworks, das unsichere Entscheidungen durch eigennützige Agenten verarbeitet.[8] Diese Plattformen nutzen die Software-Agenten, die die Nutzer während der vertraglichen Verpflichtungen vertreten, und schränken ihre Automatisierung ein.[9] Die fünfte Schicht des Frameworks ist die Manifestation, die die dezentralen Funktionalitäten der Infrastruktur ermöglicht. Dieses Segment bietet dezentralisierte autonome Organisationen, Gesellschaften, Unternehmen und Anwendungen, die die Online-Zusammenarbeit und Kommunikation in der Architektur unterstützen.[10] Das letzte Segment ist die Anwendungsschicht. In diesem Segment werden Geschäftslösungen vorgestellt, die es den Unternehmen ermöglichen, mit Smart Contracts zu interagieren und deren Funktionen zu nutzen.[11] Diese Architektur ist in der nachfolgenden Abbildung dargestellt:

---

[6] Vgl. Wang et al., (2019), S. 2270
[7] Vgl. ebd., S. 2270
[8] Vgl. Yuan, Y., Wang, F. (2019), S. 1425
[9] Vgl. Wang et al., (2019), S. 2270
[10] Vgl. ebd., S. 2270
[11] Vgl. Yuan, Y., Wang, F. (2019), S. 1426

Abbildung 2: Das Framework von Smart Contracts

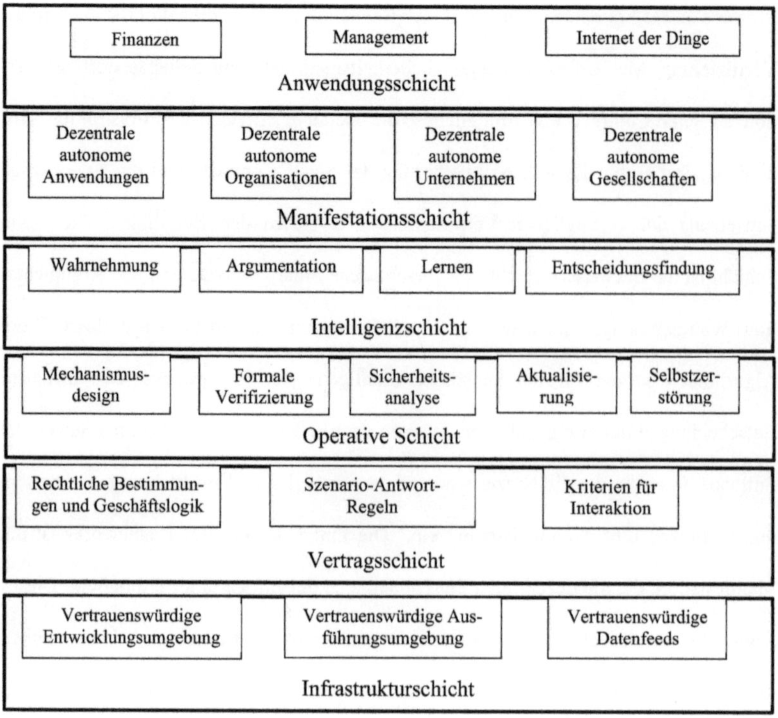

Finanzen	Management	Internet der Dinge

Anwendungsschicht

Dezentrale autonome Anwendungen	Dezentrale autonome Organisationen	Dezentrale autonome Unternehmen	Dezentrale autonome Gesellschaften

Manifestationsschicht

Wahrnehmung	Argumentation	Lernen	Entscheidungsfindung

Intelligenzschicht

Mechanismus-design	Formale Verifizierung	Sicherheits-analyse	Aktualisie-rung	Selbstzer-störung

Operative Schicht

Rechtliche Bestimmungen und Geschäftslogik	Szenario-Antwort-Regeln	Kriterien für Interaktion

Vertragsschicht

Vertrauenswürdige Entwicklungsumgebung	Vertrauenswürdige Ausführungsumgebung	Vertrauenswürdige Datenfeeds

Infrastrukturschicht

Quelle: Vgl. Wang et al., (2019), S. 2269; Vgl. Yuan, Y., Wang, F. (2019), S. 1425-1426

3. Rechtliche Aspekte bei Smart Contracts

3.1 Aspekte des Datenschutzes

Smart Contracts sind mit erheblichen Datenschutzproblemen konfrontiert, die ihre weltweite Akzeptanz beeinträchtigen und Bedenken hinsichtlich ihrer Fähigkeit aufkommen lassen, herkömmliche Verträge wirksam zu ersetzen. Ein Vertrag muss den Schutz der Vertragsdaten und die Vertraulichkeit der Datenfeeds gewährleisten.[12] Diese Vertraulichkeit schützt die vertraglichen Verpflichtungen und die Vertragsparteien, indem sie den Schutz sensibler Informationen gewährleistet. Dies ist jedoch bei Smart Contracts nicht der Fall, da die vertragsbezogenen Informationen und Transaktionen über das Hauptbuch öffentlich zugänglich sind. Dieses Phänomen gefährdet die Vertraulichkeit und den Schutz sensibler Vertragsdaten auf der Plattform.[13] Infolgedessen wird es zunehmend schwieriger, ein rechtliches Umfeld zu schaffen, das für eine rechtssichere Ausführung von Verträgen erforderlich ist und von den herkömmlichen rechtlichen Anforderungen abweicht. Die meisten Plattformen verwenden Kryptographie, um kritische Methoden zu sichern, ein Prozess, der es ihnen ermöglicht, kritische Daten vor öffentlichem Zugriff zu schützen. Das Hawk-Framework ermöglicht es Plattformentwicklern beispielsweise, datenschutzfreundliche Smart Contracts zu implementieren, indem sie eine robuste kryptografische Protokollgenerierung automatisieren.[14] Obwohl dieser Ansatz den Entwicklungsprozess beschleunigt und die Einhaltung der rechtlichen Anforderungen an Smart Contracts gewährleistet, befindet er sich noch in der Anfangsphase. Die Bedenken hinsichtlich des Datenschutzes bei Smart Contracts aufgrund der öffentlichen Verfügbarkeit der Transaktionen stellen daher erhebliche rechtliche Herausforderungen für das Framework dar.

---

[12] Vgl. Wang et al., (2019), S. 2272
[13] Vgl. Hewa, T., Hu, Y., Liyanage, M., Kanhare, S., & Ylianttila, M. (2021), S. 87655
[14] Vgl. Wang et al., (2019), S. 2272

3.2 Herausforderungen bei der Durchsetzbarkeit

Die Rechtmäßigkeit eines Vertrags hängt von seiner Durchsetzbarkeit ab, was die zuständigen Institutionen in die Lage versetzt, die Einhaltung der Vorschriften und die Rechenschaftspflicht der Vertragsparteien zu verbessern. Die Unfähigkeit, Verträge durchzusetzen, stellt eine große Herausforderung bei der Verfolgung des Fortschritts und der Effizienz der vertraglichen Verpflichtungen dar. In solchen Fällen ist es schwierig, die böswillige Vertragspartei für die Nichteinhaltung der Verpflichtungen zur Rechenschaft zu ziehen, so dass die Vereinbarung nicht durchsetzbar ist. Smart Contracts bieten eine automatisierte Ausführungsumgebung, die die Durchsetzbarkeit von vertraglichen Verpflichtungen verbessert.[15] In dieser Umgebung gibt es im Voraus festgelegte Bedingungen, die in die vertraglichen Verpflichtungen integriert sind. Durch die Erfüllung dieser Anforderungen wird die Ausführung des Vertrags automatisiert, so dass die Beteiligten die Vertragsabwicklung in Echtzeit verfolgen können.[16] Dieser Ansatz löst die Probleme bei der Kontrolle herkömmlicher Verträge, indem er sicherstellt, dass die Vertragsparteien nicht gegen ihre Verpflichtungen verstoßen. Es gibt jedoch Szenarien, in denen ein Vertragspartner die vereinbarten Anforderungen nicht erfüllt. Solche Fälle treten auf, wenn die Zeitpläne, Kosten und andere kritische Bedingungen der Vereinbarung nicht eingehalten werden. In solchen Situationen ist es schwierig, den Vertrag durchzusetzen und die nicht vertragstreue Partei für ihr Fehlverhalten zur Verantwortung zu ziehen. Aus diesem Grund bieten Smart Contracts keinen robusten Rahmen für die Durchsetzbarkeit vertraglicher Verpflichtungen, was ihre tatsächliche Einführung in der Gesellschaft erschwert.

---

[15] Vgl. Ferreira, A. (2021), S. 4
[16] Vgl. Temte, M. N. (2019), S. 94

3.3 Ineffizienter Rechtsrahmen

Die Neuartigkeit von Smart Contracts bringt erhebliche Herausforderungen mit sich, wenn es darum geht, diese Systeme in der Gesellschaft optimal zu verwalten. Dieses Phänomen wird darauf zurückgeführt, dass es keinen expliziten Rechtsrahmen für diese Transaktionen gibt und das Verständnis für die Gefahren in diesem Bereich begrenzt ist. So gibt es beispielsweise keinen Rechtsrahmen, um verbindliche Anforderungen zwischen den Vertragsparteien bei Smart Contracts durchzusetzen.[17] Diese Situation erschwert die Durchführung von Aufsichtskontrollen über diese vertraglichen Rahmenbedingungen und führt dazu, dass die Parteien unbeabsichtigten Konsequenzen ausgesetzt sind. Trotz dieser Schwachstelle greifen die meisten Länder bei der gesetzlichen Regelung von Smart Contracts auf traditionelle vertragliche Rahmenbedingungen zurück. Bei diesem Ansatz werden die vertraglichen Verpflichtungen, die Durchsetzbarkeit und die Einhaltung durch die Begriffe bestimmt, die im konventionellen Verständnis von Verträgen festgelegt sind. Aufgrund des dezentralen Charakters von Smart Contracts und ihrer grundlegenden Abweichung von traditionellen Verträgen bietet dieser Ansatz jedoch einen unklaren rechtlichen Rahmen.[18] Führende Länder gehen diese rechtlichen Herausforderungen an, indem sie umfassende Gesetze erlassen, die darauf abzielen, die rechtlichen Hürden zu überwinden und die Rahmenbedingungen zu vereinfachen. Derartige gesetzgeberische Bemühungen sollen solide vertragliche Verpflichtungen schaffen, die die Einhaltung der Vorschriften und die Rechenschaftspflicht fördern.

---

[17] Vgl. Temte, M. N. (2019), S. 103
[18] Vgl. ebd., S. 94

3.4 Änderungen von Vertragsbedingungen

Eine vertragliche Vereinbarung muss es den Parteien ermöglichen, die Bedingungen zu ändern, wenn unbeabsichtigte Zwischenfälle auftreten, die die Durchsetzbarkeit der ursprünglichen Bedingungen beeinträchtigen. Dieses Merkmal soll beide Parteien vor Einflüssen schützen, die sich ihrer Kontrolle während des Vertragsprozesses entziehen, wie z.B. Änderungen der Gesetzgebung, der Umwelt und politischer Faktoren. Die Aufnahme dieser Merkmale in den Vertrag stärkt den guten Willen und das Vertrauen zwischen den Parteien und führt zu Compliance und Verantwortung. Aufgrund der Tatsache, dass Smart Contracts unveränderlich sind, ist es jedoch schwierig, solche Funktionen zu realisieren. Diese vertraglichen Rahmenbedingungen automatisieren den Ausführungsprozess und ersetzen effektiv den menschlichen Faktor in der Vereinbarung.[19] Dadurch wird es unmöglich, die Vertragsbedingungen zu ändern, wenn externe Faktoren außerhalb der Vertragsparteien auftreten, was zu rechtlichen Hürden zwischen den Parteien führt. Diese Situation beeinträchtigt den guten Glauben und das Einverständnis der Beteiligten und gefährdet die Einhaltung der vertraglichen Verpflichtungen und die Übernahme von Verantwortung. Üblicherweise verlassen sich die meisten Parteien bei der Lösung dieses Problems auf eine Anfechtung, wobei sie die vertraglichen Verpflichtungen völlig außer Acht lassen.[20] Solche extrem einseitigen Entscheidungen bei den vertraglichen Verpflichtungen gefährden die Relevanz dieses Rechtsrahmens und seine Annahme in der gesamten Gesellschaft. Die Unveränderlichkeit von Smart Contracts beeinträchtigt die Möglichkeit der Beteiligten, Vertragsbedingungen zu ändern, was sie ineffizient macht.

---

[19] Vgl. Herian, R. (2021), S. 19
[20] Vgl. ebd., S. 19

3.5 Kündigung von Verträgen

Das Vertragsrecht legt Bedingungen fest, die eine der Parteien von der Erfüllung der vertraglichen Verpflichtungen entbinden und so die Vertragskündigung erleichtern. Diese Merkmale sind in die vertraglichen Verpflichtungen integriert, um ein stabiles Umfeld zu schaffen, welches beide Parteien vor unbeabsichtigten Folgen schützt. So sah das BGB in seiner ursprünglichen Fassung die Unmöglichkeit als einzigen Rechtfertigungsgrund vor.[21] Allerdings gibt es diverse Reformen im deutschen Vertragsrecht, die die Möglichkeiten der Vertragsparteien erweitern. Einer dieser Fälle ist, dass der Gläubiger die Leistung nicht beanspruchen kann, wenn es niemandem möglich ist. Darüber hinaus kann der Schuldner zur Zahlung von Schadensersatz wegen Pflichtverletzung verpflichtet werden, es sei denn, er hat den Vorfall nicht zu vertreten.[22] Gleichermaßen kann der Gläubiger den Vertrag im Falle eines Verstoßes kündigen. Diese Merkmale des Vertragsrechts sind jedoch nicht in angemessener Weise in Smart Contracts integriert. Dieses Phänomen wird auf die selbstausführenden und selbstdurchsetzenden Eigenschaften der vertraglichen Verpflichtungen zurückgeführt.[23] Diese Situation macht es für die Vertragsparteien schwierig, die Vereinbarung trotz Nichterfüllung ihrer Verpflichtungen zu kündigen, was bei traditionellen Verträgen nicht der Fall wäre. Diese Einschränkung bei der Gestaltung von Smart Contracts beeinträchtigt also die Akzeptanz in der Gesellschaft.

3.6 Transparenz

Die letzte rechtliche Frage, die sich bei Smart Contracts stellt, ist die Transparenz der vertraglichen Transaktionen für die Beteiligten. Die Parteien müssen die vertraglichen Transaktionen verstehen, um Vertrauen und guten Willen aufzubauen. Das Fehlen dieser Faktoren im Vertrag bietet Raum für Fehlverhalten und andere hinterhältige Methoden,

---

[21] Vgl. Tai, E. T. T. (2018), S. 794
[22] Vgl. ebd., S. 795
[23] Vgl. De Caria, R. (2019), S. 733

die darauf abzielen, die andere Partei zu diskreditieren oder zu schädigen. Smart Contracts bieten ein hohes Maß an Transparenz durch die Dezentralität der Daten und die öffentliche Verfügbarkeit des Hauptbuchs. Die Vertragsparteien haben über die Plattform einfachen Zugang zu diesen Informationen und können so die Details überwachen, überprüfen und validieren. Durch diesen Ansatz bauen die Parteien Vertrauen und Verantwortung auf, was zur Einhaltung der vertraglichen Verpflichtungen führt. Vertragliche Transaktionen werden jedoch von Software-Agenten abgewickelt. Diese Selbstausführung und Autonomie der vertraglichen Transaktionen ist für nicht-technische Parteien nicht zugänglich.[24] Dieses Phänomen beeinträchtigt die durch das Hauptbuch gebotenen Transparenzmerkmale und stellt die Überprüfung des Prozesses vor erhebliche Herausforderungen. Als Reaktion darauf verpflichten die Regierungen die Plattformanbieter, vor der Einführung von Smart Contracts ausgefeilte Rahmenbedingungen zu entwickeln, um diese Bedenken auszuschließen. Die Herausforderungen in Bezug auf die Transparenz von Smart Contracts erschweren also ihre gesellschaftliche Akzeptanz.

4. Kritische Betrachtung

Diese Arbeit untersucht Smart Contracts und wie sie die Blockchain-Technologie nutzen. Hier wird diese Technologie nicht ausführlich erforscht, um ihre Funktionalitäten, Infrastruktur und Merkmale umfassend zu prüfen. Die Erörterung solcher Aspekte des Frameworks würde über den Rahmen dieser Arbeit hinausgehen. Diese Funktionen können jedoch in diesem Abschnitt hervorgehoben werden, um einen Überblick über die Infrastruktur und ihre Bedeutung im Umfeld der Smart Contracts zu geben. So gibt es beispielsweise fünf wichtige Konsensmodelle in der Blockchain-Technologie: Proof of Work, Proof of Stake, Proof of Authority, Round-Robin und Proof of Time Elapsed Models. Trotz der Existenz dieser Modelle ist Blockchain anfällig für Abhängigkeiten bei der

---

[24] Vgl. Temte, M. N. (2019), S. 104

Transaktionsreihenfolge und den Zeitstempeln, Tiefe des Aufrufstapels und Schwachstellen beim Wiedereintritt. Diese Faktoren beeinflussen die zugrunde liegende Blockchain-Infrastruktur und wirken sich auf die Leistung von Smart Contracts aus. Daher wurden diese Aspekte in dieser Arbeit nicht behandelt, da ein solches Vorgehen vom Rahmen der Untersuchung ablenken würde.

5. Fazit

Smart Contracts bieten ein robustes Framework, das die Verwaltung von vertraglichen Verpflichtungen über das unsichere Netzwerk automatisiert. Diese Vereinbarungen umfassen den Vertragsvorschlag, die Paketierung des Transaktionsantrags und die Validierung des Inhalts durch Veröffentlichung im öffentlichen Hauptbuch. Die Effizienz dieser Infrastruktur hängt von einer soliden Koordinierung auf den sechs Ebenen ab: Infrastruktur, Verträge, Operationen, Intelligenz, Manifestation und Anwendungen. Trotz der weit verbreiteten Implementierung dieser Technologie in der Gesellschaft gibt es zahlreiche rechtliche Probleme, die auf das Fehlen eines ausgereiften rechtlichen Rahmens für die Einführung zurückzuführen sind. Führende globale Akteure befassen sich mit diesen Fragen, um die Einführung zu fördern und ein sicheres Vertragsumfeld zu schaffen. Darüber hinaus laufen Forschungsarbeiten zur Bewältigung grundlegender Herausforderungen für die Infrastruktur, wie z. B. formale Verifizierung, Beschränkungen der Vertragsebene und gesellschaftliches Management. Die Berücksichtigung dieser Faktoren wird die Integration von künstlicher Intelligenz und maschinellem Lernen in die Infrastruktur optimieren und die Herausforderungen der Automatisierung effektiv bewältigen. Fortschritte im Bereich der Smart Contracts werden daher die Akzeptanz in der Gesellschaft erhöhen und es allen Branchen ermöglichen, diese Technologie einzuführen.

6. Literaturverzeichnis

Cong, Lin William, He, Zhiguo (Blockchain disruption and smart contracts, 2019). The Review of Financial Studies, Band 32, Nr. 5

De Caria, Riccardo (The legal meaning of smart contracts, 2019). European Review of Private Law, Band 731

Ferreira, Agata (Regulating smart contracts: Legal revolution or simply evolution? 2021). Telecommunications Policy, Band 45, Nr. 2

Herian, Robert (Smart contracts: A remedial analysis, 2021). Information & Communications Technology Law, Band 30, Nr. 1

Hewa, Tharaka Mawanane, Hu, Yining, Liyanage, Madhusanka, Kanhare, Salil, Ylianttila, Mika (Survey on blockchain-based smart contracts: Technical aspects and future research, 2021). IEEE Access, Band 9

Tai, Erick Tjong Tjin (Force majeure and excuses in smart contracts, 2018). European Review of Private Law, Band 26, Nr. 6

Temte, Morgan N. (Blockchain Challenges Traditional Contract Law: Just How Smart Are Smart Contracts? 2019). Wyoming Law Review, Band 19, Nr. 1

Wang, Shuai, Ouyang, Liwei, Yuan, Yong, Ni, Xiaochun, Han, Xuan, Wang, Fei-Yue (Blockchain-enabled smart contracts: architecture, applications, and future trends, 2019). IEEE Transactions on Systems, Man, and Cybernetics: Systems, Band 49, Nr. 11

Wang, Yong, Li, June, Zhao, Siyu, Yu, Fajiang (Hybridchain: A Novel Architecture for Confidentiality-Preserving and Performant Permissioned Blockchain Using Trusted Execution Environment, 2020). IEEE Access, Band 8

Yuan, Yong, Wang, Fei-Yue (Blockchain and cryptocurrencies: Model, techniques, and applications, 2018). IEEE Transactions on Systems, Man, and Cybernetics: Systems, Band 48, Nr. 9